Marginales

Nuevos textos sagrados

Colección dirigida por
Antoni Marí

José Emilio Pacheco

ISLAS A LA DERIVA

[POEMAS 1973-1975]

TUSQUETS
EDITORES

Diseño de la colección: Clotet-Tusquets
Ilustración de portada: © Alicia Sandoval
Fotografía del autor: © Rogelio Cuéllar Ramírez
Colección: Marginales
Serie: Nuevos textos sagrados

Bajo el sello editorial TUSQUETS M.R.
Avenida Presidente Masarik núm. 111,
Piso 2, Polanco V Sección, Miguel Hidalgo
C.P. 11560, Ciudad de México
www.planetadelibros.com.mx

Primera edición en formato epub: octubre de 2024
ISBN: 978-607-39-2107-7

Primera edición impresa en México: octubre de 2024
ISBN: 978-607-39-1949-4

Impreso en los talleres de Impregráfica Digital, S.A. de C.V.
Av. Coyoacán 100-D, Valle Norte, Benito Juárez
Ciudad de México, C.P. 03103
Impreso en México - *Printed in Mexico*

Para Alejandra Moreno Toscano y Enrique Florescano

Islas de sílabas a la deriva...

Luis Cardoza y Aragón

I

PRÓLOGO

A Juan Gustavo Cobo Borda

HORAS ALTAS

En esta hora fugaz
hoy no es ayer
y aún parece muy lejos la mañana.

Hay un azoro múltiple,
extrañeza
de estar aquí, de ser
en un ahora tan feroz
que ni siquiera tiene fecha.

¿Son las últimas horas de este ayer
o el instante en que se abre otro mañana?

Se me ha perdido el mundo
y no sé cuándo
comienza el tiempo de empezar de nuevo.

Vamos a ciegas en la oscuridad,
caminamos sin rumbo por el fuego.

EL MAR SIGUE ADELANTE

Entre tanto guijarro de la orilla
no sabe el mar en dónde ha de romperse.

¿Cuándo terminará su infernidad que lo ciñe
a la tierra enemiga,
como instrumento de tortura,
y no lo deja agonizar,
no le otorga un minuto de reposo?

Tigre entre la olarasca
de su absoluta impermanencia.
Las vueltas
jamás serán iguales;
la prisión
es siempre idéntica a sí misma.

Y cada ola quisiera ser la última,
quedarse congelada
en la boca de sal y arena
que está diciendo siempre: adelante.

LAS PERFECCIONES NATURALES

De las capitanías de la oruga
sabe el rosal lo que le corresponde.

Silenciosas boquitas que roen de noche
o bajo la altanera plenitud del gran sol
las perfecciones naturales.

Ante ellas no hay belleza, sólo avidez,
sólo necesidad de estar vivas.

Y perduran matando, como nosotros.

AGUA Y TIERRA: PAISAJES

1

Es la hora imperceptible en que se hace de noche.
Y nadie se pregunta cómo se hace la noche,
qué materia secreta va erigiendo a la noche.

2

Mar, devuelve a la noche
la oscuridad que atraes a tu abismo.

3

Llueve y el mundo se concentra en llover.
El agua se ensimisma.
La tierra entera se está hundiendo en la lluvia.

II

ANTIGÜEDADES MEXICANAS

A Carlos Monsiváis

LA LLEGADA

I

Gran cielo malva y en el fondo azulea
la tierra prometida por los muertos. Será
bosque sólo plantado para cortar madera
y campo de cultivo que alimente no sus bocas, las nuestras.
Pero ante todo el oro,
piedra color de sol que es color de Dios.
Y sobre esta piedra
fundaremos el Nuevo Mundo.

2

Toda la noche el rumor de pájaros,
alas en la salobre oscuridad desplegando
hálito de hojas muertas, bosques, follajes.
Tierra inventada por el mar, desnuda
la isla para el grito que da el vigía.

3

Alta mar que se inclina cuando ofrece a la tierra
el sacrificio de su oleaje.
Verde y azul y color de arena
es la ola al romperse. En su insaciedad
¿qué palabra muda
dice a la playa eternamente la espuma?

CEREMONIA

De entre los capturados en la Guerra Florida
escogeremos uno. Para él serán
las vírgenes del templo, la comida sagrada, todo el honor
que la Ciudad de México reserva
a quien es elegido por sus deidades.

Y pasados tres meses se vestirá
con la piel del dios vivo.
Será el dios mismo
por algunos instantes.

Más tarde subirá la escalinata
entre el aroma de copal y el lúgubre
sonido de atabales.

Hasta que en el remate de la pirámide
le abran el pecho para alimentar,
con la sangre brotada del sacrificio,
al sol que brilla entre los dos volcanes.

BECERRILLO

Y Cristóbal Colón también lanzó
contra los indios de Santo Domingo
disparos de metralla, una jauría
de perros antropófagos. Entre sus fauces
murieron centenares. Ya la historia
olvidó el episodio. Pocos saben
que la avanzada civilizadora
tuvo su héroe, un dogo: *Becerrillo*.
Colón le dio la paga de dos soldados.

TULUM

Si este silencio hablara
sus palabras se harían de piedra.
Si esta piedra tuviera movimiento
sería mar.
Si estas olas no fuesen prisioneras
serían piedras
en el observatorio,
serían hojas
convertidas en llamas circulares.

De algún sol en tinieblas
baja la luz a este fragmento de un planeta muerto.
Aquí todo lo vivo es extranjero
y toda reverencia profanación
y sacrilegio todo comentario.

Porque el aire es sagrado como la muerte,
como el dios
que veneran los muertos en esta ausencia.

Y la hierba se arraiga y permanece
en la piedra comida por el sol
—centro del tiempo, abismo de los tiempos,
fuego en el que ofrendamos nuestro tiempo.

Tulum se yergue frente al sol. Es el sol
en otro ordenamiento planetario. Es núcleo
del universo que fundó la piedra.

Y circula su sombra por el mar.
La sombra que va y vuelve
hasta mudarse en piedra.

PRESAGIO

Se puso el sol, brillaron las montañas.
El Gran Tlatoani entró en sus aposentos.
Incapaz de dormir, fue hasta las Salas
Negras de su palacio, destinadas
a los estudios mágicos, recinto
de la sabiduría de los padres.
Miró el lago (jade bajo la noche), la ciudad,
isla rodeada de volcanes.

Y dijo el mensajero: —Piden verte,
señor, dos pescadores. Encontraron
un ave misteriosa. Es su deseo
que no la mire sino Moctezuma.

Entraron los dos hombres,
con el ave en la red. El Gran Tlatoani
observó que en lugar de la cabeza
tenía un espejo. En él vio que surgían
casas sobre la mar y unos venados
cubiertos de metal, grandes, sin cuernos.

—Vuelven los dioses —dijo Moctezuma—.
Las profecías se cumplen. No habrá oro
capaz de refrenarlos. Del azteca
quedarán sólo el llanto y la memoria.

Jerónimo de Aguilar y Gonzalo Guerrero, los náufragos,
hicieron vida con la tribu,
aprendieron la lengua maya. Gonzalo
tuvo mujer, engendró hijos. Aguilar
exorcizó todo contacto, rezó el rosario
para ahuyentar las tentaciones.

Llegó Cortés y supo de los náufragos. Gonzalo
renunció a España
y peleó como maya entre los mayas. Jerónimo
se incorporó a los invasores. Sabía la lengua,
pudo entenderse con Malinche, que hablaba
maya también y mexicano.
A estos traductores
debemos en gran parte
la conquista y colonia, el mestizaje,
el enredo llamado México, la pugna
de hispanismo e indigenismo.

CIUDAD MAYA COMIDA POR LA SELVA

De la gran ciudad maya sobreviven
arcos, desmanteladas construcciones, vencidas
por la ferocidad de la maleza.
En lo alto el cielo en que se ahogaron sus dioses.
Las ruinas tienen
el color de la arena. Parecen cuevas
ahondadas en montañas que ya no existen.
De tanta vida que hubo aquí, de tanta
grandeza derrumbada, sólo perduran
las pasajeras flores que no cambian.

TEMILTOTZIN DE TLATELOLCO

Temiltotzin, nacido en Tlatelolco,
se hizo poeta en el calmécac, dejó escrito:
«Dios me envió a la tierra
para hacer la amistad entre los hombres.»
Pero llegó Cortés y Temiltotzin
fue tlacatécatl, general azteca.
Defendió la ciudad junto a Cuauhtémoc
y cuando los cañones y la peste
acabaron con todo y el hedor
de los muertos llenaba el aire,
resistió en Tlatelolco hasta caer
al lado del tlatoani.

Cortés lo mandó a España. Temiltotzin
se negó a ser esclavo, se arrojó
a las olas del mar y nadie sabe
si acabaron con él los grandes peces
o si alcanzó la orilla.

Su primera pasión fue la extrañeza.
¿Quién era en este mundo no europeo ni indio?
(botín de algunos pocos, infierno en vida
para los derrotados, ruina y promesa,
vergel de Europa y desierto de América).

Sintió que por herencia de conquista
era suya esta tierra.
Ni azteca ni español: criollo, por tanto
el primer hombre de una especie nueva.
Y halló su identidad en el idioma
que vino con la cruz hecha de espadas.

Cuando ardieron los libros de la tribu
quedó en silencio el escenario. Terrazas
fundó la otra poesía y escribió
el primer verso del primer soneto:
Dejad las hebras de oro ensortijado…

CAVERNA

Es verdad que los muertos tampoco duran.
Ni siquiera la muerte permanece.
Todo vuelve a ser polvo.

Pero esta cueva preservó su entierro.
Aquí están alineados,
cada uno con su ofrenda,
los huesos dueños de una historia secreta.

Aquí sabemos a qué sabe la muerte.
Aquí sabemos lo que sabe la muerte.
La piedra le dio vida a esta muerte.
La piedra se hizo lava de muerte.

Todo está muerto.
En esta cueva ni siquiera vive la muerte.

LA SECTA DEL BIEN

Era tan sólo un párroco de aldea,
criollo o tal vez mestizo, que de repente
abrió los ojos al horror del mundo,
vio la pena infinita, el sufrimiento
en la tierra, en las aguas, en el aire.
Y le dijo a otro párroco que Dios
no era responsable de todo esto:
El mundo cayó en manos del demonio
y el gran usurpador al que venera
la ceguedad cristiana
tiene al único Dios en el infierno.

El cura que escuchó la confesión
escribió al Santo Oficio. El denunciado
ardió en la leña verde, fue a reunirse
con su Dios —que es amor— en el infierno.

SOR JUANA

Es la llama trémula
en la noche de piedra del virreinato.

LAS RUINAS JUNTO AL MAR

Entre los juncos donde el mar se estanca
las ruinas de un fortín, piedra caliza
y semidevoradas por la selva.
Manchas de moho, huellas de un incendio
y la raíz de un árbol hiende el muro.

Adentro una inscripción casi borrada.
Aún se alcanza a leer *Mil setecientos...*
Luego *Carlos III* y el nombre de un virrey.
Pardo vestigio
de una opresión que ya cambió de nombre
pero nos sigue atando.

UN POETA NOVOHISPANO

Como se ahogaba en su país y era imposible
decir una palabra sin riesgo;
como su vida misma estaba en manos
de una sospecha, una delación, un proceso, el poeta
llenó el idioma de una flora salvaje. Proliferaron
estalactitas de Bizancio en sus versos.

Acaso fue rebelde, acaso comprendió
la ignominia de lo que estaba viviendo:
El criollo resentido y cortés, al acecho
del momento en que se adueñaría de la patria ocupada
por hombres como su padre. En consecuencia
más ajenos, más extranjeros, más invasores todavía.

Acaso le dolió el tener que escribir sin tregua
panegíricos, versos cortesanos, juegos de hueco ingenio,
pomposidades serviles.
Sus poemas verdaderos en los que está su voz, los sonetos
que alcanzan la maestría en el nuevo arte,
a la sombra de Góngora, es verdad,
pero con algo en ellos que no es enteramente español,
los sembró noche a noche en la ceniza.

Han pasado los siglos y alimentan
una ciega sección de manuscritos.

EL PADRE LAS CASAS LEE A ISAÍAS, XIII

Estruendo de multitud en los montes,
como de mucho pueblo.
Y traen los instrumentos de su furor
para borrar del suelo a los opresores.
Y los castigarán por su iniquidad
y harán que cese la arrogancia de los soberbios.
Y ya nadie se ocupará de la plata
ni seguirá codiciando el oro.

«VECINDADES» DEL CENTRO

Y los zaguanes huelen a humedad.
Puertas desvencijadas
miran al patio en ruinas. Los muros
relatan sus historias indescifrables.
Los peldaños de cantera se yerguen
gastados a tal punto que un paso más
podría ser el derrumbe.

Entre la cal, bajo el salitre, el tezontle.
Con este fuego congelado se hizo
una ciudad que a su modo inerte
es también un producto de los volcanes.

No hay chispas de herradura que enciendan
las baldosas ya cóncavas. Por dondequiera
autos, manchas de aceite.

En el XVIII fue un palacio esta casa.
Hoy aposenta
a unas quince familias pobres,
una tienda de ropa, una imprentita,
un taller que restaura santos.

Flota un olor a sopa de pasta.
Las ruinas no son ruinas, el deterioro
es sólo de la piedra inconsolable.
La gente llega, vive, sufre, se muere.
Vienen los otros a ocupar su sitio
y la casa arruinada sigue viviendo.

MÉXICO: VISTA AÉREA

Desde el avión ¿qué observas? Sólo costras,
pesadas cicatrices de un desastre.
Sólo montañas de aridez, arrugas
de una tierra antiquísima, volcanes.

Muerta hoguera, tu tierra es de ceniza.
Monumentos que el tiempo erigió al mundo,
mausoleos, sepulcros naturales.
Cordilleras y sierras nos separan.
Somos una isla entre la sed, y el polvo
reina sobre el encono y el estrago.

Sin embargo, la tierra permanece
y todo lo demás pasa, se extingue.
Se vuelve arena para el gran desierto.

CRÓNICA

La guerra terminó o tal vez no ha empezado.
El fuego derribó nuestras murallas
y hacemos guardia entre las armas rotas.
En el aire se palpa un rumor de lluvia.
Aún no desciende pero está manchada
por nuestra sangre. ¿Somos inocentes
o somos los culpables de la matanza?
¿Quién desertó o ha muerto como un héroe?
No lo sabremos nunca. En esta noche
toda nuestra ventura se reduce
a esperar, a esperar aquella guerra
que aún no comienza
o se encendió hace siglos.

III

ESCENAS DEL INVIERNO EN CANADÁ

A mis amigos de Toronto: María Elena y Mario J. Valdés, Keith Ellis y Elena Schlanger

OLD FOREST HILL ROAD

Calle en penumbra, y el invierno baja
en escuadrones a su helada lumbre.
Hojas aún verdes en el prado, signos
de que el estío no ajustó su ciclo.
Casas cerradas y en silencio, enigmas
de cuántas vidas que pasaron *(y otras
que pasarán)* sin que mis ojos sepan
cómo pasaron.
Porque no estuve ni estaré. He venido
sólo de paso a esta ciudad, a este mundo.
Soy extranjero en esta tierra. En todas
seré extranjero. Al regresar, mi patria
habrá cambiado. Y no estaré ni estuve.
Mi única tierra es una calle ajena
de hojas aún verdes que el otoño entrega
al hondo invierno y a su helada lumbre.

JARDÍN DE ONTARIO

Pinos que no otoñecen.
Plantas perennes
invulnerables como el sol.
Algunas patrioteras hojas de arce.
Carnicería de leños esperando
volver al polvo.
Página blanca
que de improviso se ve cubierta
por la escritura de la nieve.

RUMOR

Tenues aguas muro abajo en la noche.
Hilo sonoro aunque siempre invisible,
¿de dónde cae y por qué
sólo fluye de noche?

Fuente oscura en que manan hondas tinieblas,
corriente prisionera,
en ti la sombra
vuelve a ser libre.

LA RAMA

De pronto la visión
de la rama desnuda por la ventana.
Su dibujo crispado se encamina,
arabesco o araña,
entre la nieve.

Esta caligrafía del invierno
trae la esperanza de un renacimiento.
Pero nunca será tan bella
como hoy su menuda muerte.
Savia que hierve inmóvil o duerme.
Inscripción en el aire. Nave.
Este jardín, como mil jardines,
pudo ser, sin saberlo, el paraíso.

DESPERTAR

Abre los ojos el jardín. No hay nadie.
Se detiene la noche en su espesura
porque el aire ya invoca al nuevo día.
Mundo que nace de sí mismo, esfera
hecha de tiempo en derredor. Las horas
bajan sin pausa a la memoria.
Abro los ojos. Veo el jardín: no hay nadie.
Abre los ojos el jardín: me mira.

NOCHE Y NIEVE

Me asomé a la ventana y en lugar de jardín, hallé la noche constelada de nieve.

La nieve hace tangible el silencio. Es el desplome de la luz y se apaga.

La nieve no quiere decir nada:

Es sólo una pregunta que deja caer millones de signos de interrogación sobre el mundo.

EL FUEGO

En la madera que se resuelve en chispa y llamarada,
luego en silencio y humo que se pierde,
miraste deshacerse con silencioso estruendo tu vida.
Y te preguntas si habrá dado calor,
si conoció alguna de las formas del fuego,
si llegó a arder e iluminar con su llama.
De otra manera todo habrá sido en vano.
Humo y ceniza no serán perdonados
pues no triunfaron contra la oscuridad,
leña que arde en una estancia desierta
o en una cueva que sólo habitan los muertos.

«CON LA IGNORANCIA DE LA NIEVE»

Miro caer la nieve. Estoy en medio
de la nieve que cae iluminada
por una luz del otro mundo.

La nieve existe porque su descenso
deja su huella en mí, lo cubre todo
con su seda apagada.

Entre el aire de nieve me encamino
hacia la noche de Toronto, inmensa
llanura, lividez desamparada.

Abro otra puerta. No hay misterio: entiendo
que el mundo comenzó por ser de nieve.
En lo hondo de la nieve las estrellas
se dirían de nieve iluminada
y próxima a caer: apocalipsis
silencioso y voraz como la nieve.

INSISTENCIA

Una vez más hablemos de la nieve. Digamos:
su virtud cardinal es el silencio.
Sabe nacer con impecable suavidad en la noche
y al despertar la vemos adueñada
de la tierra y los árboles.

¿Adónde irá la nieve que hoy te rodea?
La nieve que interminablemente circunda
la casa y la ciudad volverá al aire,
será agua, nube y luego otra vez nieve.
Tú no tienes sus virtudes mutantes
y te irás, morirás, serás tierra.
Serás polvo en que baje a apagarse la nieve.

RITO SOLAR

Numeroso es tu brillo sobre la nieve,
sol afilado que entre la distancia
vienes a interrumpir tanta grisura
con un número fuera de programa.

Dices como una araña: —Estoy aquí.
Aún tengo fuerzas para conjurar
las edades de hielo que se ciernen
contra mi diminuto protectorado.

Otros viejos planetas se congelaron
o los dejaste caer en llamas,
como un fallido borrador
del que no quieres ni acordarte.
Hoy subrayas que somos tu propiedad
y repartes en torno de la luz
la feroz advertencia de este invierno.

LA ISLA

Llegamos a la isla. El otoño
se abría paso en el aire, y en el lago
las hojas encarnadas y amarillas flotaban
como los peces muertos.

Sólo me acompañó a la playa el crepúsculo.
Aguas color de mar, piedras como olas.
Por todas partes
las infinitas hojas caídas.
La isla y yo éramos
hojas también y nunca lo supimos.

HORSESHOE FALL

> Nadie resiste fotografiar la catarata o, en el peor caso, arrojar al torrente unos cuantos versos.
>
> JULIÁN HERNÁNDEZ,
> *Por tierras del norte* (1936)

El agua está cayendo desde la eternidad.
Grandes aguas, masas que no se amansan, estampida
de millones de gotas como bisontes, tonel sin fondo
que revienta de cólera
—aunque tal vez esté ya resignado,
ya sepa que es perfecto e incomparable.

Lo contemplamos
desde todos los ángulos:
a la distancia,
por encima y abajo,
en pasadizos,
tallados como el mismo cañón,
en la roca viva.

Pero no estamos a su altura. Sus ojos
no nos permiten verlo.
Sólo espuma,
sólo estruendo y espuma y una helada
salpicadura,
con el frío
del áisberg infinito que llena el cielo,
los espacios eternos, la noche cósmica
que al deshelarse engendra a la catarata.

LAGO ONTARIO

Aquí en el medio no se le ve fin
al lago que zozobra en el firmamento,
poblado de islas fugitivas, gaviotas
en permanente desbandada.
Mar se diría pero no huele a sal,
aunque a veces las ondas se hacen oleaje.
Todo es azul mientras lo navegamos,
todo belleza y calma.
Hasta que al acercarnos a la ciudad
surgen las manchas pardas casi negruzcas
y los áisbergs de espuma sucia
de los letales detergentes.

UNA ROSA, LAS ROSAS

Nadie corte a la rosa que está allí,
detenida en su trémulo esplendor
para el que no hay mañana.
Nadie la corte: déjenla morir
para que exista siempre en el jardín
una rosa, otra rosa.

SOUVENIR

Aún queda nieve entre los árboles. Hay hojas
calcinadas de otoño bajo los setos.
Las ramas, blancas o pardas, todavía se desploman
bajo el agravio de su desnudez. Sin embargo,
la ardilla al fin ha abandonado el subsuelo
y el primer petirrojo ya escarba
en su coto de caza, ya pesca
las lombrices que han vuelto a la hierba.

El sol opaco pinta bosques de sombra
en la mancha de nieve. Ya todo
se dispone a vivir nuevamente.

Contemplo el móvil cuadro en la pared: esta ventana.
No volverán mis ojos
a detenerse en el jardín.
Seguirá la casa
con algo de nuestras voces y nuestras vidas.

Es demasiado el equipaje. No puedo
guardarme ni siquiera una hoja muerta
y calada de invierno.

A falta de una cámara, un pincel
o habilidad para el dibujo, me llevo
—como única constancia de haber estado—
unas cuantas palabras.

IV

HABLA COMÚN

A Cecilia Bustamante y Julio Ortega

LA FLECHA

No importa que la flecha no alcance el blanco.
Mejor así.
No capturar ninguna presa,
no hacerle daño a nadie,
pues lo importante
es el vuelo, la trayectoria, el impulso,
el tramo de aire recorrido en su ascenso,
la oscuridad que desaloja al clavarse,
vibrante,
en la extensión de la nada.

CINEVERDAD

¿Dónde estarán aquellas horas? Te preguntas
pero no con nostalgia,
porque parece
un gasto imperdonable de energía
dispendiar el brevísimo tiempo que nos fue dado
en tantas situaciones diferentes
(melodramas, sainetes, vodeviles,
parodias de parodias, una tragedia)
a que se ajusta la experiencia vivida.

En algún cine de otra eternidad
han de pasar ahora esas películas.
Todo en copias rayadas, más bien difusas,
hasta que se haga polvo el celuloide.

SANTA MARÍA

Homenaje a Juan Carlos Onetti

Esta ciudad se inventa otro pasado.
El silencio está fuera de lugar.
Las casas son vestigios de un mundo ausente.
La noche se desploma sobre otra época.
El aire envenenado huele a campos antiguos.
Y todo se vuelve aún más extraño
porque lo reconozco.
Porque ya en cierta forma estuve aquí
(donde no he estado nunca).
Porque he perdido la ciudad insondable
que ahora recobro misteriosamente.
¿Y quién podrá decirme la verdad en este cauteloso fin
del mundo?
¿Estoy vivo en mi vida pero me adentro en una
fantasmagoría?
O todo, a fuerza de ser real,
¿me está volviendo un azorado fantasma?

PIEDRA

Lo que dice la piedra
la noche a veces logra descifrarlo.
Nos mira con su cuerpo todo de ojos.
Con su inmovilidad nos desafía.
Sabe mejor que nadie ser permanencia.

Ella es el mundo que otros desgarraron.

LOS JUGUETES

Desagravio a Juan de Dios Peza

Cuando la infancia pasa
los juguetes se vuelven tristes.
Una melancolía sorda aparece
en sus desgarradores ojos de vidrio.

Sienten su muerte.
Saben que los espera en un desván
su infinito destierro de cadáveres.
Y con ellos han muerto para siempre
los días del niño.

Oso, conejo, ardilla de un bosque antiguo
vuelto ceniza.
Ni ahora ni nunca
volverán a los brazos
que acompañaron.

ESTACIÓN TERMAL

Para huir del dolor aquí trajimos
todos nuestros pesares.
Nos acompañan, se renuevan, llenan
el pobre cuerpo que les da aposento.

Cada cual es distinto. Nadie puede
reconocer su pesadumbre en el otro.
Nadie tampoco hace el esfuerzo.

Aquí nos mata la vejez.
Aquí nos entretiene
la enfermedad
con un tablero de esperanza.
Aquí por un momento la locura
parece más serena.

Bien descansados, bien comidos, vamos
cayendo uno por uno.

DANZÓN

Tristes las olas cuando se apagaban
en el recodo maloliente. Montañas
de ostras deshabitadas. La cloaca,
injuria al mar que en modo alguno lava
la suciedad del mundo.

Y de repente sonó el danzón,
música triste de un nunca más.
La tocan muertos que siempre están
vivos y presos en algún disco,
y condenados a repetir
un acto antiguo como este mar

cuando alguien echa una moneda.

DOS POEMAS ESPAÑOLES

A la memoria de Raúl Gustavo Aguirre

1. *Esopo, por Velázquez*

Este retrato imaginario,
asexuado,
muestra al fabulista
con un aire de Goya
y mirada de madre triste.

Su rostro,
herido por el desencanto,
irradia
una melancolía incurable.

Su mano izquierda
sostiene sin entusiasmo unos manuscritos.
La derecha
calma un dolor de vientre,
producto
de su indecible pesadumbre.

No está peinado
ni vestido de calle.
Lo cubre una tosca bata.
Hay a sus pies una tinaja
y algunas prendas misteriosas.

Mechones negros
son entre el pelo blanco
la señal última
de su antiquísima juventud.
La sombra invade
por la izquierda esta acre fábula ocre.

2. *Galdós*

En los últimos años
la tristeza,
la doliente ceguera
y la arteriosclerosis.

Y por si fuera poco
el odio
de media España,
la indiferencia
de la otra media.

Le arrebataron
el premio Nobel
y se burlaron
del «olor a garbanzos»
que hay en sus libros.

Interrumpía su martirio
paseando a solas por Madrid.
Desde el coche
percibía los ambientes
y en sus tinieblas, en su soledad
lo habitaban
los personajes con que amplió el mundo.

Fue lentoroso
el proceso que lo llevó a convertirse
por fin en una más de sus invenciones.

CONVERSACIÓN

Densa la noche que rodea la casa,
sonoro el campo
y el cerrado estruendo
de los grillos avanza por el aire.
Grandes avispas quieren calcinarse
contra la luz opaca.

Todo es noche,
todo es calor
nacido de la tierra.

Y enmedio de esta indiferencia
un minuto nos une. Conversamos.
Estamos juntos sin proximidad.

Y se rompe el encanto.
Desde ahora
seremos otra vez desconocidos.

HOTEL

El frío de las migraciones,
la desolada conversación de los que están despiertos hasta
el amanecer,
y cuando el sol derrumba las materias nocturnas
se miran a los ojos y se ven lívidos y como si tuvieran ceniza,
mientras afuera el verde río se pudre
y se difunde el clima artificial
que aísla los cuartos del hotel
y los convierte en frigoríficos.

«H & C»

En las casas antiguas de esta ciudad las llaves del agua
tienen un orden diferente.
Los fontaneros que instalaron los grifos
dieron a *C* de *cold* el valor de *caliente;*
la *H* de *hot* les sugirió agua *helada.*

¿Qué conclusiones extraer de todo esto?:
Nada es lo que parece.
Entre objeto y palabra cae la sombra,
presentida por Eliot.

Para no hablar de lo más obvio:
Cómo el imperio nos exporta un mundo
que aún no sabemos manejar ni entender.
Un progreso bicéfalo (creador
y destructor al mismo tiempo
y como el mismo tiempo)
al que no es fácil renunciar.

Nadie que ya disfrute el privilegio
(tener agua caliente es privilegio)
se pondrá a cavar pozos, a extraer
aguas contaminadas de un arroyo.

Todo acto es traducción: sin este código
se escaldará quien busque
bajo *C* el agua fría.
Los años pasarán sin que se entibie
la que mana de *H*.

LOS MUERTOS

Quién impuso esta ley infame que obliga
a confinarnos en atroces
reservaciones de corrupción y olvido
en que medra la zarza
mientras los días opacan
la menuda perpetuidad del mármol.

Baja la noche por la enredadera
y aquí abajo decimos a la muerte
lo que el grano de arena susurra
a la ola que lo alza en vilo.

Vil sonido, como hachas
en un bosque invisible:
la desintegración
de la carne que no retorna.

Crueldad de abandonarnos a nuestros restos.
Mejor el fuego
o los cuervos de la montaña.

Nada hay capaz de compensar
la humillación de hundirse aquí abajo,
pudriéndose
sin que la caja funeral
nos permita volver al polvo.

INMEMORIAL

El misterioso día
se acaba con las cosas que no devuelve.

Nunca nadie podrá reconstruir
lo que pasó ni siquiera en éste
más cotidiano de los mansos días.

Minuto, enigma irrepetible.

Quedará tal vez
una sombra, una mancha en la pared,
vagos vestigios de ceniza en el aire.

Pues de otro modo qué condenación
nos ataría a la memoria por siempre.

Vueltas y vueltas en derredor de instantes vacíos.

Despójate
del día de hoy para seguir ignorando y viviendo.

INSCRIPCIONES EN UNA CALAVERA

Si cuando vivos somos diferentes, en cambio
todas las calaveras se parecen.
Son la imagen y el fruto de la muerte.

El cráneo con textura ya de marfil
observa detenidamente la noche.
Y visto al sesgo en el espejo parece
un cascarón de huevo que ya dio alas
a quien latía en su interior fecundante.

Está vacío, ya es vacío, pero sin él
no habría existido la existencia.
Y sin decirlo quiere interrogarnos,
hacer de nuevo las preguntas eternas:

¿Llevamos siempre adentro la propia muerte
o (contra Rilke) carga el esqueleto
pesadumbre de carne, corrupción
sobre la calavera incorruptible?

Es la piedra pulida por ese mar
al que no vemos sino encarnado en sus obras.
El tiempo hizo la mueca de este horror;
también esculpe con su transcurrir
la belleza del mundo. Y así pues,
resulta un acto de justicia poner
sobre su frente la gastada inscripción:
Este cráneo se vio como hoy nos ve.
Como hoy lo vemos
nos veremos un día.

EL POZO

> El método habitual para purificar el agua de los pozos: mantener una tortuga en su fondo, resultaba una forma eficaz de contaminación.
>
> AMBROSIO ORTEGA PAREDES,
> *El agua, drama de México*

Quizá en el fondo estábamos tratando
de fingir que fingíamos
—pero dijimos la verdad.

En efecto, la vida
no es la resonancia, es la piedra
que antes de dibujar los ecos en el agua
despierta círculos
de tembloroso moho en las paredes.

Y en la hondura del pozo cae sin fuerzas
en la mustia tortuga que arrojaron,
como instrumento o talismán o conjuro,
para purificar con sus devoraciones
el agua o la conciencia.
Y ahora vemos
cómo nuestros ardides son las trampas
donde nos deslizamos sin remedio.

Claro está: la tortuga
no limpia, contamina.
La piedra que cae a plomo nos engaña.
Nunca sabremos la extensión del pozo
ni su profundidad ni el contenido
de sus emponzoñadas filtraciones.

V

ESPECIES EN PELIGRO (Y OTRAS VÍCTIMAS)

Para Andrew P. Debicki

LOS PÁJAROS

La primera impresión de Veracruz en mi infancia
fue aquella densa marejada:
negras aves que parecían traer la noche en sus alas.
—Se llaman pichos —me dijeron.
Deben ser tordos o zanates o alguna variedad semejante.
Aunque el nombre no importa, lo perdurable
era la oscura garrulería, el temor,
la indisciplina misteriosa con que los pájaros
iban cubriendo —grandes gusanos o langostas— los
árboles.
Bajaban como aerolitos de las cornisas y los cables
eléctricos,
inerme multitud que intenta en vano conjurar la
catástrofe.

El crepúsculo ahogado de calor se extinguió,
lumbre ya sin rescoldo en aquellas frondas.
También el cielo fue un ave negra
e inesperadamente se posó el silencio en el aire.
Entramos en el hotel después del largo viaje.
Mi abuelo
compró el periódico de México
y me leyó noticias de aquella bomba,
de aquel lugar con un extraño nombre remoto,
de aquella muerte que descendió como la noche y los
pájaros,
de aquellos cuerpos vivos arrasados en llamas.

LOS OJOS DE LOS PECES

A la orilla del mar la curva arena
y una hilera de peces muertos.
Como escudos después de la batalla.
Sin vestigio de asfixia ni aparente
putrefacción.

Joyas pulidas por el mar, sarcófagos,
encerraban su propia muerte.

Había un rasgo
fantasmal en aquellos peces:
ninguno tenía ojos.
Doble oquedad en sus cabezas.
Como si algo dijera que sus cuerpos
pueden ser de la tierra.
Pero los ojos son del mar.
Por ellos mira el mar.
Y cuando muere el pez en la arena
los ojos se evaporan, y al reflujo
recobra el mar lo que le pertenece.

OBRA DE ARTE

Por su luz invisible baja la araña
y, deslumbrado ante su perfección artística,
respondes
con un hilo de baba
que no es flexible ni tampoco sirve
para subir al cielo.

Tanta paciencia y tanta perfección
en vano.

Porque la escala fue también sudario
y su obra una red para atrapar
la intolerante suela del zapato.

BALLENAS

Grandes tribus flotantes, migraciones,
áisbergs de carne y hueso, islas flotantes.

Suena en la noche triste
de las profundidades
su elegía y despedida,
porque el mar
fue despoblado de ballenas.

Sobrevivientes de otro fin de mundo,
adoptaron la forma de los peces
sin llegar a ser peces.

Necesitan salir a respirar
cubiertas de algas milenarias.
Entonces
se encarniza con ellas la crueldad
del arpón explosivo.

Y todo el mar se vuelve un mar de sangre
cuando las llevan al destazadero
para hacerlas lipstic, jabón, aceite,
alimento de perros.

Sus ojos son los párpados del alba.
De sus narices sale humo
como de olla o caldero que hierve.
En su cerviz está la fuerza
*y delante se esparce el desaliento.**

---

*Job 41, 18-22.

LANGOSTA

De la langosta se sabe que, a pesar de su excelente armadura
y sus costumbres del abismo marino,

llega a la tierra destinada al tormento.

HORMIGAS

Las hormigas van y vienen por el sendero bajo la hierba, con sus inmensas cargas solidarias, su disciplina ciega, su voluntad constructora, no se preguntan para qué han nacido, cuál es el objeto de sus afanes, qué justifica su fatiga, son libres, no tienen yo, carecen de ambiciones individuales, no les importa el paso del tiempo, saben que están aquí porque siempre hubo hormigas y deben continuar su camino contra el veneno y contra el pisoteo, para que este planeta no se vuelva otro lugar desierto y sin hormigas.

MORITURI

Difícil es morir con dignidad. Preguntadlo
a la res que sucumbe en el matadero
o al pollo al dar de vueltas decapitado.
Nadie elige su muerte, sólo el suicida.

Y allí también se topa con la dificultad:
los sesos que emporcaron el escenario,
el lavado de estómago, la autopsia,
la sangre tan deslumbrante y tan repulsiva
—y la mueca de espanto.

ZOPILOTE

No es una injuria al reino de las aves.
Tampoco aberración o falla natural perpetuada
por mera inercia evolutiva.

Al arte por el arte del pavo real o del faisán corresponde
su equivalente utilitario. (La belleza
está en los ojos de quien la contempla
y es cuestión relativa.)

Lo ves y te conduele su asimetría,
el color apagado y más bien luctuoso
y la no menos plúmbea repugnancia
de su moco de pavo. (Todo él,
aun sin la papada, se diría
un guajolote incomestible.)

Concedamos: es feo como el diablo.
(¿Alguien conoce al diablo?)
Y suscita los odios más despiadados.
(Es común apedrearlos; he visto niños
que se adiestraban para ser verdugos.)

Pero sin esta variante regional
del buitre tan infamado por la retórica,
sin este «aura tiñosa» o «gallinazo»
—con tales nombres se le injuria—
¿qué hubiera sido
de los lugares pobres frecuentados
por la fiebre amarilla y otras plagas
de los *tristes tropiques*?

Los zopilotes
fueron nuestras brigadas de reciclaje.
Ahora se han acabado los zopilotes.
La basura está a punto de ahogar al mundo.

CABALLO MUERTO

Al verlo en la llanura no parece a primera vista un cadáver.
De lejos su rancia animalidad se vuelve asunto de sastrería o mecánica.
Sus entrañas tienen brillo de cobre, son cuerda rota de un juguete olvidado.
Sorprende que el cadáver no sea carroña y no se escuche el pulular de gusanos.
Pero la muerte excluye toda ambigüedad:
las cuencas son pruebas palpables del vacío,
grietas por las que escapa un gran vacío.
Los dientes amarillos congelaron un relincho ya casi póstumo.
Dentro de poco un animal nocturno
vendrá inflexiblemente a descarnarlo.

TEMA Y VARIACIONES: LOS INSECTOS*

1

El cerceris inocula al gorgojo
una sustancia paralizadora.
Cuando nacen sus larvas
encuentran alimento en buen estado
e incapaz de maniobras defensivas.

2

El esfex de alas amarillas ataca
al saltamontes.
Abre con su aguijón tres orificios,
pone sus huevecillos en las heridas.
Los esfex recién nacidos se comen vivo
al prisionero que fue su tierra y su cuna.

3

Cuando el macho termina de fecundarla
lo sujeta la mantis religiosa
con sus patas en forma de cizalla.
Para inmovilizarlo hiere sus ganglios
y luego lo devora pieza por pieza.

---

* Recortado de *Entomología para uso de la niñez* (1949).

LA SIRENA

En el domingo de la plaza, la feria
y la barraca y el acuario con tristes
algas de plástico, fraudulentos corales.
Cabeza al aire, la humillada sirena,
acaso hermana de quien cuenta la historia.

Pero el relato se equivoca: De cuándo acá
las sirenas son monstruos
o están así por castigo divino.

Más bien sucede lo contrario: son libres,
son instrumentos de poesía.
Lo único malo es que no existen.
Lo realmente funesto es que sean imposibles.

NEANDERTHAL CONTEMPLA LA TEMPESTAD

El dragón que llamamos trueno
deja escuchar su bramido lejano.

La silueta de fuego
atraviesa la tempestad.
Después sólo una lluvia empecinada
y ya no vuelve a quebrantarla el rezongo.

LAS MOSCAS*

Y en el aire y el muro y el suelo
moscas tiernas, a pares, en celo.
SALVADOR DÍAZ MIRÓN

Mientras yo sobre ti, tú sobre mí,
los dos al lado,
dos alados insectos se persiguen.

Obscenamente sobrevuelan el lecho,
miran zumbonas o tal vez excitadas.

Para él sin duda no eres la más hermosa y deseable.
(Tal un lirio entre las espinas
es su mosca entre muladares.
Los contornos de su trompa son como joyas,
como púrpura real sus vellosidades.)

¿Despreciarán
sus ojitos poliédricos nuestros cuerpos,
nuestras torpes maniobras,
nuestros brazos que no son alas?

Y juntas se levantan como la aurora,
grandiosas como ejércitos en batalla.

---

* Con disculpas a Salomón, Cantares 2, 2; 7, 1 y 6, 10.

Han puesto de cabeza el rastrero infierno
y se adueñan al fin de su cielo raso.
Inaudibles, jadeantes, bocabajo,
colgadas de las patas sobre el abismo,
hacen lo suyo sin pensar en la muerte.

ÍNDICE